¿Quién puso el huevo?

escrito e ilustrado por

Audrey Sauble

Para my hijo, P.

¿Quién puso el huevo? ©2017, 2025 Audrey Sauble
Publicado por Larch Books | Portland, OR

ISBN: 978-1-946748-26-3 (pb)

Gracias al señor Brad Riegg de Living Waters Spanish por su ayuda con esta traducción.

Editado por Natalia Sepúlveda.

¿Quién puso el huevo?

¿Un **dinosaurio**
puso el huevo?

¿Una **gallina**
puso el huevo?

¿Un avestruz puso el huevo?

¡Sí! Un avestruz puso el huevo.

¿Quién puso
estos huevos?

(Un insecto muy
pequeño puso
estos huevos.)

¿Una **hormiga** puso los huevos?

Sí, una **hormiga** puso los huevos.

(Un pequeño
animal saltarín
puso estos huevos.)

¿Y estos huevos?
¿Quién puso estos?

¿Los puso
un **tiburón**?

¿Los puso una **rana**?

¡Una rana
los puso!

¿Y estos huevos?

¿Una gallina los puso?

¿O una **tortuga**?

¡Una gallina los puso!

¿Quién puso este huevo?

¿Lo puso un **dinosaurio**?

No, un tiburón lo puso.

¿Quién puso los huevos aquí?

(Un animal con caparazón
puso estos huevos.)

¿Un **avestruz** puso los huevos?

¿Una **rana** puso
los huevos?

¿Una **tortuga**
puso los huevos?

Sí, una **tortuga** los puso.

¿Quién puso esos huevos?

¿Los puso una **gallina**?

¿Los puso un **ornitorrinco**?

No, pero un ornitorrinco
puso los huevos en este nido.

Entonces, ¿quién
puso los huevos?

¿Los puso un
dinosaurio?

¡Un dinosaurio los puso!

Mira, uno de los huevos se abrió.
¿Dónde está el bebé dinosaurio?

¡Aquí está!

¿SABÍAS QUE?

Muchos animales ponen los huevos. Algunos de estos animales son:

> Aves

> Peces, incluso algunos tiburones

> Insectos y otros invertebrados

> Tortugas, serpientes, cocodrilos, y otros reptiles.

¿Qué animales has visto en libros o en los parques? ¿Algunos de estos animales ponen huevos?

Algunos animales no ponen huevos.
Muchos de esos animales son mamíferos.

Los mamíferos tienen pelo. Los
mamíferos también dan a luz a crías, en
lugar de poner huevos. ¿Puedes pensar
en algún mamífero? ¿Has visto alguna
vez un mamífero bebé?

¡Dato curioso! Hay dos tipos de
mamíferos que ponen huevos:
los ornitorrincos y los equidnas.